"Åben dit hjerte med dit kraftdyr, og hent din kraft hjem"

FSC
www.fsc.org
MIX
Papir fra
ansvarlige kilder
Paper from
responsible sources
FSC® C105338

Kraftdyret Egernets Budskab

"Tro på dig selv og dine evner"

Kanaliseret i 2025
Dea Dyrhøj

Kraftdyret Egernets Budskab
"Tro på dig selv og dine evner"

Illustrator: Dea Dyrhøj
Redaktør: Louise Bjerre

Forlag: BoD · Books on Demand GmbH,
In de Tarpen 42, 22848 Norderstedt, Tyskland
Tryk: Libri Plureos GmbH, Friedensallee 273,
22763 Hamborg, Tyskland

ISBN: 978-87-4305-662-1

Du kan følge forfatteren:
www.sindkropsjael.dk

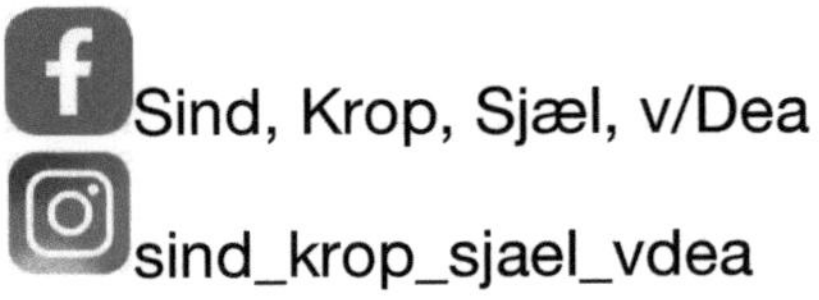

INDHOLD

Indledning

Bogen er skabt ud fra idéen om, at når alle lytter til deres indre stemme og ved, hvordan de former deres liv efter deres inderste ønsker, vil verden blive et bedre sted. Der er ingen tvivl om, at der sker mange skræmmende ting ude i verden lige nu - Det gælder både krig, naturkatastrofer og menneskers opførsel – som i virkeligheden hænger sammen.

Vi har i mange år forurenet, ikke kun Moder Jord, men også vores sjæl, ved ikke at lytte til de beskeder, der er blevet sendt til os.

Lige nu sker der et stort energiskifte, og hvis du – og vi – følger dette skifte, kan vi både hæve vores egen frekvens og Moder Jords.

For nogle kan det måske virke
egoistisk, når vores fokus ligger på
vores egen udvikling og velvære, og
ikke på andres. Men, ved at finde lyset i
os selv, vil vi på sigt bedre kunne
hjælpe andre. Bl.a. ved at være et lys i
mørket og derved inspirere andre til at
vokse og finde ind til deres egen kerne.
Når vi begynder at arbejde med vores
indre lys, altså vores personlige
udvikling, vil vi opnå mere varige
forandringer.

I bogen arbejder vi med Kraftdyrene, og
deres budskaber. Kraftdyrene er
fantastiske at arbejde med, da de
allerede besidder det reneste lys.

Når du er færdig med denne bog, vil du
stå stærkere i dig selv og være i stand
til at skabe din egen fremtid, hvor du
følger dit hjerte

Egernets år

Egernets år handler om at tro på dig selv.

Egernets frekvens vil ramme de områder i dig, der udfordrer din tro på dig selv. Den vil sætte dig på prøve, når du står overfor valget:

Skal du fortsætte med at gøre, som du plejer, eller skal du vælge at tro på, at du er fantastisk præcis som du er, og at det du gør, er værdifuldt?

Denne udfordring handler ikke nødvendigvis om, hvad du gør, men hvordan du ser dig selv, og hvordan du håndterer dine overbevisninger, når andre stiller spørgsmål til din værdi.

Når du starter på dette år, skal du vide, at du er fantastisk, præcis som du er.

Sammen med Egernet er formålet at få dig til at tænke og tro på, at dette er sandheden. Skal jeg fortælle dig en hemmelighed?
"Du er en gave, præcis som du er".

Selvom du vil møde udfordringer i det kommende år, så lad være med at miste troen på dig selv og dine evner. Når modet svigter dig – for det vil det gøre – så søg ind i dig selv og find ud af, hvad det handler om.

Egernet fortæller dig også, at med dens kraft, kan du søge dybere ind i flere lag af dig selv. Du har dermed mulighed for at lære dig selv bedre at kende, og det er i virkeligheden opskriften på, at løfte dig selv op til et højere bevidsthedsniveau. Når du befinder dig der, vil du opleve at komme i flow med livet, og det bliver nemmere at manifestere dine ønsker.

Egernet vil arbejde sammen med en håndfuld kraftdyr, der hjælper dig med at give slip på det gamle og starte på en frisk. Det vil blive lettere for dig at realisere dine idéer og finde støtte omkring dig, så du kan tro på, at det nok skal lykkes, selvom tvivlen kan snige sig ind.

Du vil få budskaber om, hvornår det er tid til at skabe fred med det, der bekymrer dig, og lære fordelene ved at dykke lidt dybere ned i din fortid for at skabe indsigt. I stedet for at se fortiden som en forhindring, kommer du til at se den som en gave.

Du vil lære, hvordan du kan navigere i livet med større lethed, og bruge de mirakler der sker omkring dig – selv de små – til at skabe forandring. Du vil opdage, hvor vigtigt det er at leve i nuet, og hvor meget nemmere livet

bliver, når du ser, at det ene valg kan
være lige så godt, som det andet.

De kraftdyr der viser sig i bogen, vil
støtte dig i din proces, hen imod at tro
på dig selv.

Så, lad os kalde på Egernets kraft, som
vil hjælpe dig med, at tro på dig selv.

Sådan bruger du bogen

Denne bog er kanaliseret i samarbejdet
med kraftdyrene og deres budskaber
for året 2025.
Du vælger selv, om du vil tage med på
hele rejsen, eller du bare lader dig
inspirere til nogle få ændringer i dit liv.
Du kan altid arbejde med Egernets
budskab, om at tro på dig selv og dine
evner. Selvom bogen er kanaliseret ned
for år 2025, kan du være kaldet til
budskabet på en anden tid, da tid bare
er en illusion. Fortiden, nutiden og
fremtiden befinder sig parallel og i
virkeligheden på sammen tid. Vi er bare
nødt til at sætte en label på, for at
forstå det som mennesker. Det tog mig
noget tid at forstå det, og for at være
helt ærlig er den ikke helt landet endnu,
men jeg kan mærke det er rigtigt.

Nu er det bare at gribe fat og tage på rejsen.

De budskaber du finder her, vil ikke altid fortælle dig præcis, hvornår tingene sker. Der kan foregå en forskydning, da vores liv er et aktivt horoskop, men bogen vil lære dig, hvordan du kan bygge dig selv op. Så, når udfordringen kommer, vil du kunne håndtere den og lære af dem, i stedet for at lade den holde dig tilbage i din situation.

For at uddybe:

Bogen er kanaliseret igennem et medicinhjul. Et medicinhjul er et shamanistisk værktøj, der er blevet brugt til at aflæse menneskets fysiske og psykiske tilstande i mange årtier.

Det bruges til at heale traumer fra fortiden og vise, hvordan nutiden kan bruges til at skabe fremtiden. Man kan sige, at det er et levende horoskop.

I et medicinhjul findes fortiden, nutiden, fremtiden, kraftdyr og mange andre væsner, der er her for at hjælpe dig. Som alt andet, udvikler et medicinhjul sig. Hvor der tidligere kun var fire overordnede kraftdyr, samt det kraftdyr, man er født med, kommer der flere og flere ind for at hjælpe. Disse kraftdyr er dem, vi vil arbejde med i denne bog.

Jeg har tidligere kaldt dette et årshjul, da denne bog handler om Egernets år. Men, der findes også dagshjul, månedshjul, livshjul m.m.

Du har sikkert oplevet, at en udfordring bliver ved med at vende tilbage, og du forstår måske ikke hvorfor. Det er fordi, at din tidslinje bevæger dig rundt i et medicinhjul. Du vil altid støde ind i det samme problem igen, ind til problemet er forløst. Nogle gange skal du rundt i medicinhjulet flere gange, før traumerne omkring problemet er forløst. Men, problemet skulle gerne blive mindre, gang for gang, hvis du tør se det i øjnene. Og det er dét, vi arbejder med i denne bog.

Vi shamaner bruger kraftdyr i healingprocessen, da de er meget kraftfulde værktøjer.

Shamaner har brugt dette værktøj i årevis, da kraftdyrene er så rene, og giver et klart billede fra hjertet. De gamle shamaner, såvel som nytidens shamaner, kan kalde på kraftdyrene gennem trance, og kommunikere med dem via tankens kraft og frekvenser.

Det mange ikke ved er, at alle har
evnen til at kunne det. Dog har vi i dag,
i det samfund vi lever i, glemt hvordan
vi gør dette. Det er som om, at det ikke
er tilladt at tro på, at noget usynligt kan
give os et klart svar, som vi kan stole
på. Mange har som barn fortalt om en
oplevelse, noget de havde set eller hørt,
som umiddelbart ikke kunne forklares.
Ofte har de fået at vide, at det bare var
deres fantasi.

Vi begynder nu at tale mere og mere,
om det vi ikke kan se - især intuitionen
og mavefornemmelsen. Vi bliver guidet
af nytids sjæle der ved, at ens egen
forståelse, altså det man ikke kan se, er
sjælens svar.
Den feminine energi viser sig tydeligere
og tydeligere. Den har til formål at heale
os og skabe balance mellem det
maskuline og feminine. Men, når en så
kraftfuld energi indtræder, provokerer

det også den firkantede tankegang og adfærd, som derfor intensiveres. Det er derfor, at vi ser så meget uro i verden lige nu.

Samarbejdet mellem Egernets budskab for det kommende år og den feminine energi, vil lære os, at det er okay at tro på, at man er god nok. Uanset hvem man er, hvor man er, og hvad man ønsker sig ud af livet, er du god nok.

Du skal dog vide, at selvom du kalder på Egernet og dets kraft, kræver det en bevidst handling at træde ind i den feminine energi. Det betyder at se, føle og tro på det, der ikke umiddelbart kan ses, er en vigtig del af processen. Du skal se bogen som en guide til et sted, hvor du kan få hjælp, men du skal selv tage skridtene for at opnå resultatet.

Under min shamanrejse blev jeg
inspireret af kraftdyrene, deres kraft og
hvor præcise deres budskaber er,
uanset om det er til en enkelt person
eller i cirkler.

Kraftdyrene guider dig ud fra denne
visdom:

*"Livet på jorden er i konstant udvikling,
så hvad der var sandt i dag, er ikke
nødvendigvis sandt i morgen. Så,
fortsæt din rejse og find gaverne og
formålet i livet."*

Hvis du har oplevet, at du ikke har fået
svar, eller modtager de gaver fra
kraftdyrene, som du har bedt om, er det
fordi, at dine bønner ikke har
manifesteret sig fysisk endnu.

En ting du kan være sikker på er, at
dine kraftdyr er 100 procent loyale

overfor dig. Det er bare ikke altid, at vores ønsker hænger sammen med vores sande jeg eller formål, og det er her misforståelserne ofte opstår.

Du skal vide, at gaven altid kommer til dig. Måske ikke på det tidspunkt, eller i den form du ønsker, men først når du er klar til at modtage den. Tro mig, jeg har oplevet det mange gange, hvilket udfordrer mig, da jeg er en utålmodig person.

Der er nogle fantastiske mennesker, der har kanaliseret visdom fra kraftdyrene ned i orakelkort. Budskaberne kan hjælpe os med at få de svar, vi leder efter. Gennem disse kort kan man som menneske få kontakt med sit kraftdyr og modtage et budskab, der guider en. Men, at udføre budskabet kan være svært, og det er derfor, at jeg har taget

skridtet videre og kanaliseret øvelser,
der understøtter budskabet.

At arbejde med disse øvelser vil hæve
dit bevidsthedsniveau, og få loven om
tiltrækning til at arbejde for dig, uden at
du skal tænke over det.
Alt dette kan guide dig til en større
forståelse og dermed give dig en større
bevidsthedsudvidelse.

Egernets årshjul blev kanaliseret
gennem en ceremoni. Dets budskab
handler om at tro på dig selv. Når du
kalder på de andre kraftdyr, er de her
for at støtte dig i denne proces.

Jeg har kanaliseret et budskab fra et
kraftdyr for hver måned på året. Dette
budskab er kanaliseret gennem min
bevidsthed, altså min sandhed. Hvis
det ikke giver mening for dig, så lad det

ligge. Det kan være, at det giver mening for dig på et senere tidspunkt.

Du kan arbejde dig igennem bogen på to måder:

1. Læs budskabet og dets betydning, og brug øvelserne til at ændre dit liv.

2. Hver måned slår du op på siden der er knyttet til den pågældende måned. Det budskab der står som overskrift, lader du dig inspirere af.

Mærk efter hvad der føles rigtigt for dig.

Du må gerne læse bogen fra start til slut, dog vil jeg anbefale, at du springer månederne over, og først læser det enkelte kapitel ved måneden start.

Hver måned starter du med at påkalde Egernet og de andre kraftdyr. Det gør

du gennem en bøn, her finder du to
eksempler på en bøn:

Bøn

"Jeg kalder Kraftdyret Egernet: Lær
mig, hvordan jeg skal mestre at tro på
mig selv."

"Jeg kalder Hulepindsvinet: Støt mig i
at træde ind i denne måned med
visdommen om, at jeg ikke behøver
vide alt."

En fordel er at bruge lidt tid på at
mærke ind i den følelse, som bønnen
fremkalder hos dig, men det er ikke et
krav.
Jeg anbefaler, at du får en dagbog,
hvor du kan notere dine oplevelser. Der
er en masse læring i det.

Under hvert budskab, som du vil få fra kraftdyret, vil du få nogle øvelser.
De øvelser vil gøre det nemmere for dig at interagere budskabet i dit liv.
En øvelse du kan bruge i hver bog er:

1.På en blank side slår du en streg fra top til bund af siden.

2.På venstre side af stregen, skriver du dit spørgsmål.

3.På højre side, skriver du svaret fra kraftdyret.

4.Svaret kommer altid fra hjerteenergien, altså i et positivt og ikke begrænsende svar.

5.Det er forskelligt fra person til person, hvordan man får svaret. Det er som oftest fra den sans man er stærkest i, altså høre, syn- eller følesansen.

Tag på en fantastisk rejse.

Kærlig hilsen,

Det er tid til at bruge krop, sind og sjæl til at styrke troen på dig selv. Og, dine evner.

Egernets Årshjul

Januar

Kraftdyret Hulepindsvinet fortæller dig,
at det er okay at vise, at du ikke har alle
svarene eller den nødvendige viden.

Du behøver ikke beskytte dig selv eller
føle, at du skal spille en rolle. Fordi, du
måske er bange for, hvad der sker, hvis
du viser, hvem du virkelig er.

Hulepindsvinet er ved din side. Hvis andre ikke kan lide dig, for den du er, eller det du gør, er det måske på tide, at give slip. Og, lade den relation eller adfærd, der holder dig fast i det gamle mønster, gå. Gaven ved at give slip er, at du begynder at tiltrække de venner, det job og de situationer, som viser dig, at du er god nok, som du er.

Det er tid til at give slip på den gamle, begrænsende historie om, at du skal kunne alting for at være god nok. Lyt til Hulepindsvinet, der fortæller dig, at du kan give slip nu. For, denne historie har ikke længere magt over dig, uanset hvor udfordrende det kan være at skabe denne ændring i dit liv.

Det er tid til at møde verden med åbenhed og nysgerrighed. Mærk efter, hvad det vil gøre ved dit liv.

Livet er fyldt med fantastiske oplevelser, som du går glip af, når du beskytter dig selv, og holder dig tilbage. På den måde kan du ikke se de mirakler, der står lige foran dig.

Nu er tiden kommet til, at du skal finde det, du søger efter, og du skal sætte dig selv først. Det kan være et nyt forhold, en ny chance eller noget andet, du søger. For du har alt, hvad du behøver, for at opfylde dine behov – du skal bare tro på det.

Det er tid til at være glad og have en legende tilgang til livet. Måske kan du huske, hvordan du engang havde denne lettere livsstil - måske helt tilbage fra barndommen.

I processen, hvor du opfylder dine egne behov, kan det være, at du mærker gamle følelser af skyld, skam eller sårethed dukke op. Disse følelser kan få dig til at trække dig tilbage, men du skal have tillid til Hulepindsvinet, som vil støtte dig på din vej. For, nu er det tid til at give slip - tiden arbejder for dig.

ØVELSE:

1. Det er tid til at tale med Hulepindsvinet. Meditér og påkald Hulepindsvinet. Skriv dine spørgsmål ned på et stykke papir, og lad Hulepindsvinet svare. Det sande svar kommer fra hjertet.

2. Hvordan lever du i dag med overbevisningen om, at du ikke behøver at være god til alting?

3. Hvilken værdi ville det give dig, hvis du vidste alt?

4. Hvordan påvirker det dig, når du ikke har kendskab til det emne, der tales om eller den opgave, du bliver stillet?

5. Skriv ned, hvem du er, når du ikke behøver at vide alt.

6. Prøv i den kommende tid at agere som denne person. Husk, at de fleste fejler flere gange under denne øvelse, men tag læringen til dig. Skriv ned hvad du lærer undervejs.

7. I denne proces skal du begynde at lytte til dig selv. Hvad siger du om andre, og hvad siger du om dig selv?

8. Mange oplever traumer fra fortiden, som har givet dem en følelse af ikke at være god nok, fordi de ikke kan alt, og ikke er alt. Brug meditationen bagerst i bogen til at forløse dette.

"Alle har evnen til at se finde
hjerteenergien"

Februar

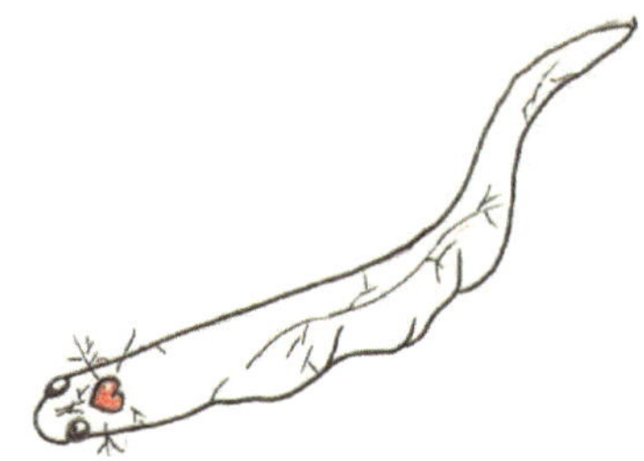

Den Elektrisk Ål fortæller dig, at alle de idéer, du har lagt til side – måske fordi tiden ikke var rigtig, fordi du ikke følte dig god nok, eller fordi du er vokset op i en familie, hvor man ikke forfølger sine drømme, der indebærer risiko for at fejle. Nu er klar til at se dagens lys.
Det er nu tid til at slippe dig selv løs, og give slip på alle undskyldningerne, så du kan føre dine drømme ud i livet.

Du skal turde se de forhindringer i
øjnene, der normalt ville forhindre dig i
at udleve dine drømme. Du skal vide at
du godt kan, uanset hvad verden viser
dig.

Har du lagt låg på en drøm, fordi den
ikke udformede sig, som du gerne ville
have det. Måske fordi succesen ikke
kom hurtigt nok, eller fordi frygten for
forandring, fik dig til at opgive
drømmen.

Måske er det nu, du skal genstarte dit
projekt, uanset hvilket område det er
indenfor. Ålen minder dig om, at det
første skridt ofte er, at lade din idé
simre. Pludselig vil du vide præcis,
hvad du skal gøre – det nogen kalder
en "aha"-oplevelse.
Hvis du ikke laver så meget mad, og
ikke ved hvad simre betyder, så
kommer forklaringen her: Når en ret

simrer, er alle ingredienserne kommet i
gryden, eller en stor del af dem er, og
gryden står så på bluset på lav varme
ind til retten er færdig.

Ålen opfordrer dig til at spørge dig selv,
om der er noget, du skal sætte i gang
eller lære, før du tager springet og
realiserer din idé.
Det er ligegyldigt, hvad din ide er, det
kan være små eller store idéer inden for
alle livets områder.

ØVELSE:

1. Søg råd hos Ålen ved at skrive dine
spørgsmål ned og vent på svar fra
hjertet.

2. Hvad viser verden dig lige nu, som holder dig tilbage?

3. Hvor meget tror du på, at verden har ret? (1-10)

4. Skriv mindst fem overbevisninger ned, som du har om dig selv og dine idéer.

5. Omformuler disse sætninger til nye, støttende overbevisninger.

6. Meditér på de nye overbevisninger, du skal bruge. (Du kan bruge meditationen bagerst i bogen til at hjælpe dig.)

7. Find ud af hvordan du føler, nu hvor du har de nye støttende overbevisninger. Lad dig så guide efter følelsen af, at du er nået i mål med din drøm.

"Du er fantastisk som du er"

Marts

Nattergalen minder dig om, at dit fokus
skal være på kærligheden –
kærligheden til livet.

Du skal vide, at der vil være mørke tider
i dit liv, men efter mørket kommer lyset.
I denne proces opfordrer Nattergalen
dig til at synge med den, for det vil
hjælpe lyset med at komme hurtigere.

Det betyder, at du skal foretage dig noget, der gør dig glad – synge, danse, male eller gå en tur.

Vær bevidst om, at når du hæver dig til et højere bevidsthedsniveau, vil du møde mørket. Men, dette mørke er en gave, for det forbereder dig på at modtage overflod i alle livets områder. Udfordringerne vil forme dig til det menneske du skal være, når den succes du venter på, kommer. Lad kærligheden komme indefra. Når udfordringerne er store, og livet føles mørkt, så vær' kærlig og forstående over for dig selv.

Du modtager mange tegn omkring dig,
så tillad dig selv at se dem ved at træde
et skridt tilbage – de vil vise dig den
rette vej. Nattergalen opfordrer dig til at
synge med den, hvilket betyder, at du
skal handle som om, du allerede lever
et liv i kærlighed. Den støtter dig.

ØVELSER:

1. Når livet føles mørkt eller, når du er
usikker på, hvordan du skal handle ud
fra kærlighed, så tal med Nattergalen.
Skriv dit spørgsmål ned og vent på, at
Nattergalen svarer dig. Svaret kommer
altid fra hjerteenergien.

2. I hverdagen, øv dig i at huske på, at
det vigtigste for dig lige nu er at
acceptere, at det er okay at føle angst,
bekymring, frygt eller blot at have en
dårlig dag – det er en del af at være
menneske. Du kan altid skrive dine
oplevelser ned - det giver ofte en bedre
forståelse.

3. Hvis du oplever en følelse, der
normalt trækker dig ned, og du
forsøger at undertrykke eller skubbe
den væk, så prøv i stedet at lade den
være. Samtidig skal du være forstående
og kærlig over for dig selv. Du skal altid
behandle dig selv som et lille barn, der
har slået sig. Ville du sige "kom nu
videre", eller ville du trøste barnet og
sige, at alt nok skal gå?

4. Det er vigtigt ikke at dømme dig selv.
Altså, undgå at tage stilling til, om det
er "rigtigt" at føle, som du gør. Det er
din opgave i denne måned. Hvis det er
for svær en opgave, hvilket er helt
naturligt, kan du altid skrive dine tanker
og følelser ned - det giver indsigt.

5. Oplever du at den samme følelse
bliver ved med at dukke op, og den
bliver mere og mere intens, kan det
være en god idé at undersøge, hvorfor
du bliver ved med at have det sådan.
Brug eventuelt meditationen bagerst i
bogen til at hjælpe dig.

"Du er ikke dine tanker og følelser,
men lad dem være en guidning, der
viser dig, hvor du kan udvikle dig"

April

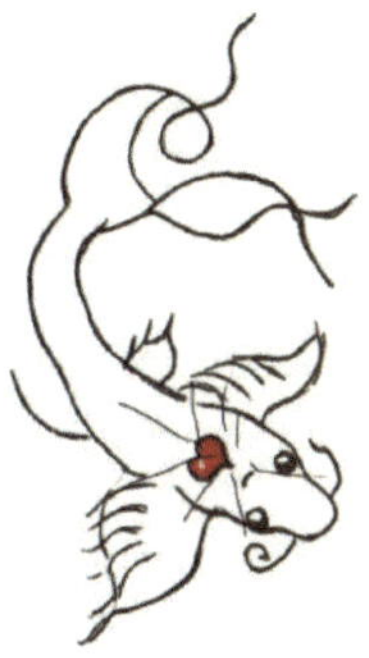

Kraftdyret Koi-Guldkarpen er her for at fortælle dig, at der er nok til alle.

Lad være med at fokusere på andre. Selvom det måske ser ud som om, at andre har mere end dig, er det ikke nødvendigvis tilfældet.

Du er måske bange for, at når andre har den fedeste bil, den mest attraktive partner eller tjener flere penge end dig, så er der ikke mere tilbage til dig. Men, her vil Koi-Guldkarpen berolige dig: Du kan sænke skuldrene, for der er nok til dig, ligesom der er nok til alle andre.

Overflod kommer indefra og bygger på dine intentioner. Det er derfor vigtigt at starte med, at se på den overflod du allerede har. Det er nøglen til at forstå, at der også er nok til dig.

Det er også vigtigt at reflektere over, hvordan du værdsætter dig selv og dine egne evner, samt andres værdier og kvaliteter. Ofte er det vores egen værdisætning, der kan få os til at føle, at vi mangler noget. Mange af os bærer på traumer, der forhindrer os i at se livets gaver. Netop derfor er det nødvendigt at arbejde med at forløse disse traumer. Brug meditationen bagerst i bogen for at finde ud af, hvor det er lettest for dig at begynde denne proces.

Koi-Guldkarpen stiller spørgsmålet: Ved du, hvad du virkelig ønsker dig?
Mange bliver overrasket over, at de faktisk ikke helt ved, hvad det er.

Generelt bør du træffe beslutninger, når du er i godt humør, og så du ikke lader dig blænde af det, du ikke har. Du har magten til at skabe det liv, du ønsker dig. Men, først skal du kigge indad og spørge dig selv, hvordan du kan fylde dig selv op med energi og ressourcer.

ØVELSER:

1. Påkald Koi-Guldkarpen, skriv dit spørgsmål ned, og vær åben for det svar du får - det kommer altid fra hjertet.

2. Lav en liste over alt det, du allerede har.

3. Lav en liste over, hvad du virkelig ønsker dig. Spørg dig selv, om dette ønske kommer fra din hjerteenergi eller fra egoet (for eksempel ønsket om, at andre skal se, at du har opnået succes).

4. Hvis ønsket kommer fra hjerteenergien, som for eksempel ønsket om at købe en ny bil, så find ud af, hvordan du kan realisere dette ønske. Hvad er udfordringen? Hvis det tager tid at opnå det, skal du vide, at det vil ske på det rette tidspunkt.

5. Hvis ønsket derimod stammer fra egoet og handler om, hvad andre vil tænke om dig, så undersøg hvad denne følelse egentligt bunder i. Brug

meditationen bagerst i bogen til at dykke ned i dette.

6. Vær opmærksom på din indre dialog. Spørg dig selv, om du fokuserer på mangel, eller om du tror på, at der er nok til alle.

7. Jeg anbefaler, at du i starten afsætter tre tidspunkter om dagen, hvor du stopper op og lytter til dine tanker. Hvis disse tanker ikke understøtter dine nye overbevisninger, så omformuler dem. Sig til dig selv, at du har nok. Med tiden vil dette blive en naturlig tanke for dig.

8. Forkæl dig selv. Skab en rutine, hvor du gør noget godt for dig selv, som for eksempel at gå ture, få massage eller finde andre måder at gøre noget godt for dig selv på.

9. Brug gerne meditationen bagerst i bogen som støtte i din proces. Det kan være enten meditationen med Egernet eller forløsningsmeditationen.

"Leg og dans med livet"

Maj

Duen er her denne måned for at lære
dig, at fred kommer indefra.

Går du og tænker, at hvis du bare
havde fred, ville det være nemmere at
arbejde med dig selv? Nemmere for dig
at stoppe op og bruge de værktøjer, du
har lært til at styrke troen på dig selv –

ikke bare de værktøjer du har lært i denne bog, men også de værktøjer, du allerede havde inden?

Du kan nu bruge kraften fra Duen ved at påkalde den og søge ind i freden.

Start dagen med holdningen: "Alt er, hvad det er."

Husk altid, at ydre fred starter med indre fred.

Du skal til at bygge dig selv op, så du kan se tingene oppefra.
Når du står over for uro eller uenighed, der kommer udefra og som normalt ville påvirke dig, så stil dig selv følgende spørgsmål:
"Hvad ville Duen rådgive mig til? Kan vi blive enige om at være uenige?"

Hvis du vælger at lytte til Duen, vil den minde dig om, at i dag og hver dag, er en god anledning til at dæmpe din uro, ved at praktisere stilhed.

Ovenover, nedenunder og hele vejen rundt om dig foregår der måske meget, der kan distrahere dig, men ved at træne dig selv i at sige: "Alt er, hvad det er," kan du forblive centreret og knap så let blive distraheret.

Husk, at fred er en grundholdning, vi har i hjertet, og du har fuld styrke til at genvinde den.

Du inviteres til at sidde i stilhed og åbne op for naturens stilhed. På den måde vil "vandene skille sig", hvilket betyder, at du kan se forskel på, hvad der er dit, og hvad der er andres.

Send kærlighed og positivitet til uroen,
og glæd dig over den harmoni, du
vælger at skabe inden i dig.

ØVELSER:

1. Det første skridt er at tale med Duen.
Det gør du ved at påkalde den. Skriv dit
spørgsmål ned, og derefter vent på
svar fra Duen. Skriv kun det svar ned,
der kommer fra hjerteenergien.

2. Hvad er ufred for dig?

3. Hvor i dit liv har du ufred lige nu?

4. Hvad er fred for dig?

5. Hvor i dit liv har du fred lige nu?

6. Hvordan vil du skabe fred uden at gå
på kompromis med dig selv?

7. Hvor er det tid til at sige fra, for at få
fred inden i dig?

8. Hvor er det tid til at sige: "Det er,
hvad det er?"

Hvis du ikke har svaret, er der
forskellige måder at få det på.

Stil spørgsmålet til Duen eller Egernet,
og vent på svar. Nogle gange kan det
tage lidt til, da de først giver dig svaret,
når du er klar til det.

Meditation er altid en god måde at få
hjælp på. Du finder den bagerst i
bogen.

Hvis du har svært ved at meditere, kan
du prøve at danse uroen ud af kroppen.

Det er en meget effektiv måde at give slip på, og den tilstand du kommer i kan give nogle overraskende svar. Kontakt mig på <u>dea@sindkropsjael.dk</u>, hvis du ønsker at modtage en dansevideo: Dans dig til jordforbindelse. Den er gratis, så længe den ligger online.

"Magi er alle steder, åbne dit sind og lad magien skabe forandring i dit liv"

Juni

Hvis du lytter til Svanen i denne måned,
vil den fortælle dig, at du vil have fordel
af at dykke dybt ned i din krop, dit sind
og din sjæl, for at finde svarene.

Dog kan man ofte med fordel lade
udfordringer ligge, da de nogle gange
løser sig selv af sig selv, det gør du ved
at du tillader dig at være i dem
følelsesmæssigt, uden at tage stilling til

problemet. Det vil sige, at du i denne
måned skal være bevidst om, det du
oplever bare er et problem, der skal
passere eller er det et område du skal
dykke ned i og søge indsigt.

Da denne måned er et tegn på, at det
er tid til at få en helt ny indsigt omkring
dig selv, dine relationer eller en bestemt
situation. Her har du mulighed for at
høste frugterne af udfordringerne og
finde de større skatte.

Det er vigtigt for dig nu at dykke dybt
og stille de spørgsmål, der kommer til
dig - indtil du ikke længere kan finde et
svar på spørgsmålet. Lige der ved du,
at du er kommet ind til kernen af, hvor
du er i din proces. Det er her, hvor du
skal begynde at heale, så du kan blive
vist den skønhed, du besidder, ligesom
den smukke Svane.

Svanen fortæller dig, at skønhed ligger i selvindsigt. Selvom du måske ikke får det svar du ønsker, vil du få den indsigt, der er nødvendig for at bygge noget ægte op inden i dig.

Vær ikke bange for, hvad du finder dybt inde i din sjæl. For, uanset hvad du opdager, vil det hjælpe dig med at respektere og elske dig selv mere. Du vil få en helt ny forståelse af dig selv og andre, hvilket vil hjælpe dig med at træffe de rigtige valg, eller måske nogle helt andre, end du normalt ville vælge.

På denne rejse er det vigtigt, at du behandler dig selv med forståelse og kærlighed, for vi har alle en fortid.

ØVELSER:

1.Er du god til at stille spørgsmål og forstå, hvordan du har det med dig selv og de begrænsninger, du måske rummer? Hvis ikke, kan du nu bruge Svanens kraft. Kald på Svanens energi, stil dit spørgsmål og modtag svaret fra hjerteenergien. Det kan være en god idé at skrive alle spørgsmål og svar ned i en dagbog.

2. Når du har svaret, så kig på det. Er der noget, der giver dig klarhed?

3. Hvordan kan det være?

4. I denne proces er det vigtigt at vise omsorg for dig selv.

5. Når du har fundet svarene på dine spørgsmål, er det tid til at heale dig

selv. Vælg den metode, der fungerer
bedst for dig. Meditationen bagerst i
bogen, kan hjælpe dig.

"Skab din version af verden"

Juli

Elefantens budskab til dig er, at du skal bygge på det bedste fra fortiden, lære af det værste og gå ind i fremtiden med værdighed.

Elefanten er altid ved din side, du kan bare kalde på den. Men, hvorfor ikke bruge dens tilstedeværelse nu, så du kan komme videre med din udvikling og lære at tro på dig selv?

Brug fortiden til at lære både af de gode og dårlige oplevelser. Mange er tilbøjelige til at lægge låg på de dårlige oplevelser, fordi de gør for ondt. Eller glemme de gode, fordi de måske ikke føler, at de kan bruges til fremdrift. Men, nu er det tid til at genkalde alle dine oplevelser, lære fra dem, finde gaverne og styrkerne i dem. Og, at omskrive din fremtid, så du skaber en ny vision af den.

Du kan bruge den visdom, du har fået med fra fødslen. Elefanten vil lære os, at vi skal respektere den visdom, der gennem traditioner er overgivet til os, samt respektere hinanden og fællesskabet.

Vi må aldrig glemme vores arv, styrke og værdighed.

Men, intet siger, at vi behøver at lade os begrænse af fortiden. Tillad dig selv at se ind i dit liv. Er der noget, du gør nu, som er præget af gamle mønstre eller overbevisninger f.eks. "Jeg burde" eller "Jeg skal"? Måske er det tid til at give slip på disse overbevisninger og skabe din egen historie.

Nu er det tid til at skrive en ny historie
og være bevidst om, at vi hele tiden
udvikler os. Forvandling er vores natur.

ØVELSER:

1.Kald på Elefantens kraft. Når du
mærker den, så skriv dit spørgsmål ned
i din dagbog. Vent på svaret og skriv
det ned, så snart du modtager det.

2. Er der noget fra din fortid, der
hæmmer dig? Det kan være både gode
og dårlige oplevelser der har formet dig
til den, du er i dag – på godt og ondt.

3. Hvad fortæller du dig selv, om dig
selv eller om det, du foretager dig, ud
fra de overbevisninger, du har fået med
dig?

4. Vælg nu at sætte disse
overbevisninger fri, da du ikke længere
har brug for dem. Du kan frigive dem
gennem meditationsøvelsen bagerst i
bogen. Eller, du kan sidde og se ind i
oplevelsen og fortælle dig selv, at du
vælger at give slip på den læring.

5. Din sjæl har en visdom. Hvad er
den? Se dybt ind i dig selv, skriv det
ned, og forestil dig, at du allerede har
kontakt med denne visdom. Fremkald
denne visdom ved at se, hvad den er.

Fortæl dig selv, hvad den er, og find frem til den følelse du har, når du bruger denne visdom.

6. Lev nu dit liv ud fra den vision, du ønsker for dig selv, og snart vil den vise sig fysisk.

Dog skal du tage det første skridt ind i din vision. Du kan evt. lave en plan over, hvad du skal foretage dig, men husk at tage små skridt først.

*"Slip kontrollen og se alt det
fantastiske der vil vise sig for dig"*

August

Kraftdyr Rylen kommer med det budskab, at dit liv vil blive 100% værdifuldt, hvis du lærer at grine og have det sjovt. Det er tid til at åbne dit hjerte.

Den beder dig om at mærke efter: Har du lukket dit hjerte? Hvorfor? Er du klar til at åbne det igen? Uanset din nuværende situation eller tidligere oplevelser, er det tid til at have det sjovt – du skal bare være den, der tager det først skridt for at sætte det i gang.

Det kan være, at du lige nu er tynget af alt det, der foregår ude i verden og inde i dig selv. Du føler måske, at du ikke har overskud til de opgaver der er foran dig.

Tag livet med et smil på læberne, og løs opgaverne med lethed.

Udforsk letheden: Hvor tager du let på tingene, og hvor har du svært ved det? Det er vigtigt at understrege, at det at

tage let på tingene, ikke er det samme
som at være uansvarlig eller ligeglad.
Det handler om at møde opgaverne
eller situationerne med lethed.

Når Rylen dukker op i denne måned, er
det fordi, at du skal arbejde sammen
med den. Du skal finde ud af, hvordan
du skal ændre gamle overbevisninger.

Nu er det tid til at invitere lethed ind ved
at lave sjov og ballade. Opsøg de ting
der gør dig glad, og får dig til at grine.

Efterhånden vil dit gode humør skabe
flow i dit liv.

ØVELSER:

1. Kald på Rylens lette energi. Du kan evt. spørge den, om der er et bestemt problem, der forhindrer dig i at skabe ændringer. Brug din dagbog: Skriv spørgsmålet på den ene side af bogen og vent på svaret – skriv svaret på den anden side. (Se øvelsen i kapitel: Sådan bruger du bogen) Husk, at Rylen godt kan være humoristisk i sine svar.

2. På en skala fra 1 til 10, hvor glad er du lige nu?

3. På en skala fra 1 til 10, hvor let tager du livet lige nu?

4. Udvælg en særlig situation, du har
svært ved at være i. Hvad er problemet
i den?

5. Hvad gør den tung?

6. Hvordan påvirker det dit liv?

7. Hvis det værste skulle ske, hvad ville
det betyde for dit liv?

8. Er det dét værd at lukke dit hjerte for
at leve, som du gør nu?

9. Hvis du går ind i oplevelsen med en
lethed. Se oplevelsen ud fra en
overbevisning om, at der er en læring i

alt, og at der er en årsag til, at du skal føle eller opleve dette, selvom du ikke ved hvorfor: Hvordan vil du så se situationen?

10. Hvis du sad overfor en god ven/veninde, hvordan ville du rådgive vedkommende?

11. Hvad ville det gøre ved dit liv, hvis du lukkede lethed og sjov ind i dit liv?

12. Du kan altid tage rejsen med meditationen bagerst i bogen.

"Livet er et overflødigst horn af
visdom, kærlighed og penge"

September

Kraftdyret Koen fortæller dig, at du er et godt sted nu, hvor du skal til at møde verden ubesværet.

Du skal fokusere på alt det, du har nu – de gode forhold, det i dit arbejde du kan lide, de små øjeblikke i hverdagen,

som gør dig glad og stolt, samt det du
gør godt for andre og for dig selv.

Måske føler du dig som en usikker kalv,
og søger trøst i usunde vaner, som for
meget tid på internettet, et usundt
forhold eller dårlig kost. Nu er tiden
inde til at nære både dit sind, din krop
og din sjæl. Det gør du ved at søge
stilheden og mærke indad. Hvor ligger
dine egentlige værdier? Hvor finder du
din styrke og energi?

Husk, hvis du har svært ved at holde
fokus eller finde svar, er det her at
universet kan fungere som et spejl. Det
du oplever, kan afspejle, hvordan du
behandler dig selv.

Når du holder fokus og handler ud fra det, der er sandt for dig, vil alt det du har arbejdet med begynde at bære frugt.

ØVELSER:

1. Hvordan behandler du din krop?

2. Hvad kan du gøre anderledes?

3. Hvordan behandler du dit sind?

4. Hvad fortæller du dig selv?

5. Hvad kan du gøre anderledes?

6. Hvordan behandler du din sjæl?

7. Hvad kan du gøre anderledes?

8. Hvad er din største udfordring lige nu, og hvordan viser spejlet sig her?

9. Spejlet er ikke nødvendigvis noget, du gør. Det kan også være noget, du undertrykker i dig selv. Hvad oplever du?

10. Meditér og heal denne side af dig selv. Brug meditationen bagerst i bogen til hjælp.

Spejlet er en reaktion fra omverden
(eks. en person du ikke mener der
opfører sig ordentligt) viser sig, når du
oplever noget, der gør dig vred eller
ked af det. Du reagerer på noget, der
allerede ligger i dig – noget du enten er
stolt af eller flov over.

"Alt det der sker omkring dig, er en
afspejling af de overbevisninger, du
har om dig selv.
Når du har forløst den del af dig, vil
du kun blive påvirket af det der
styrker dig"

Oktober

Kraftdyret Musen er her for at gøre dig opmærksom på, at det nu er vigtigt at rette din opmærksomhed mod de små ting. Og, vurdere om de giver dig værdi eller bremser dig. Musen fortæller, at det lige nu er vigtigt at holde balancen.

Det er nu, at du skal læse mellem linjerne og være opmærksom på de små detaljer. På din rejse, mod at opnå

dine mål, kan du nemt overse de små
ting og de små gaver, som ofte kan
give stor værdi. Men, du skal også
være opmærksom på, at for meget
fokus på de små detaljer kommer til at
holde dig tilbage, så du ikke får levet dit
liv.

Kraftdyret Musen beder dig tage en dyb
indånding og stole på din intuition. Den
vil støtte dig med sin fine lille stemme –
du skal blot stole på, at den er der for
dig. Lyt til den.

Hvis du er i tvivl, om noget er rigtigt
eller forkert, så tag dig tid til at
undersøge, hvor tvivlen kommer fra.
Det er dog vigtigt, at du ikke lader

denne tvivl føre dig ind i en
selvrefleksion, som bremser din
udvikling.

ØVELSER:

1. Påkald Musen og lyt efter dens fine
lille stemme. Ved at skrive dit
spørgsmål ned kan du nemmere høre
dens stemme. Husk, at stemmen altid
kommer fra et støttende sted.

2. Taknemmelighed er en fantastisk
ting, der højner din frekvens. Hvordan
bruger du taknemmelighed i din
hverdag?

3. Kan du hver dag finde noget nyt at
være taknemmelig for?

4. Hvis du en dag føler, at der ikke er
noget at være taknemmelig for, så læg
mærke til de små ting. (Et regnvejr kan
fx være godt for blomsterne i haven.)

5. Er du i gang med et projekt, og hvad
er det? Det kan være alt fra at male dit
hus, til personlig udvikling.

6. Er der noget i din proces, du ikke
giver nok opmærksomhed?

7. Er der noget, du giver for meget
opmærksomhed?

8. Din sjæl ved, hvad du skal gøre. Med
alle de værktøjer, du har fået i denne
bog, hvilken måde ville være nemmest
for dig at træne din sjæls stemme?

9. Jo flere gange du træner din sjæls
stemme, jo nemmere vil det være for
dig at høre den. Brug meditationen
bagerst i bogen.

"Brug musikken til at tale med dit højere selv"

November

Kraftdyret Kolibrien minder dig om at være til stede nu. Vær opmærksom på det du gør, og undgå at hoppe fra det ene til det andet, da det kan skabe ubalance i dit liv.

Fokuser på det, der er lige foran dig og undgå at fokusere for meget på fremtiden. Det du drømmer om, er allerede på vej.

Der er så mange fantastiske muligheder og valg, men Kolibrien minder dig om at stoppe op. Alt, hvad du har brug for, er lige foran dig. Stop med at søge og find roen. Forbind dig med Kolibrien gennem meditation. Den elsker dig ubetinget, og vil guide dig på din sande vej.

Det kan være svært at træffe en beslutning og holde fast i den – hvad nu, hvis du vælger forkert? Men, det er tid til at blive, hvor du er. Det kan tage al din energi at hoppe fra projekt til projekt - eller ønske til ønske. Bliv, hvor du er og hav tillid. Samtidig kan du nyde de gaver, der allerede er foran dig – det vil løfte din energi. Når du er til stede i nuet, flyder din energi bedre, og det vil give dig større gaver og et klarere syn.

Vær opmærksom på, at dit fokus ikke hele tiden ligger i fortiden eller fremtiden. Selvom det er naturligt at tænke på begge dele, så hent læringen og vend hurtigt tilbage til nuet. Det er her, du lever.

ØVELSER

1. Står du overfor et valg? Tal med Kolibrien. Skriv dine spørgsmål ned i en dagbog, og vent på svar.

2. Lever du i nuet?

3. Dine tanker vil ofte være i fortiden eller fremtiden. Hvor befinder dine tanker sig mest?

4. Hvad er årsagen til, at dine tanker er i fortiden eller fremtiden?

5. Er dette årsagen til dit tankemylder?

6. Er tankemylder årsagen til, at du har svært ved at holde fokus?

Uanset, hvor stor eller lille din udfordring er, kan du med fordel meditere og forløse den. Brug meditationen bagerst i bogen. Hvis du finder meditation udfordrende, kan du bruge dans som meditation. Dansen har en unik evne til at sætte tanker og følelser på pause.

"Den største gave kan være, ikke at
lave noget"

December

Delfinen kommer til dig i denne måned
for at træne dig i, at se situationer fra
flere vinkler.

I en diskussion er der ingen, der har
absolut ret, og ingen der tager fejl. For,

hver persons mening stammer fra deres egen model af verden. Ens model af verden er dannet ud fra opdragelse, oplevelser og sind. Når du taler med nogen, så gå over på den anden side af broen, lyt til hvad de siger. Vurder derefter om det er noget, der er værd at bruge energi på. Det er tid til at vælge dine kampe med omhu.

Selvom vi har ytringsfrihed, behøver vi ikke at ytre vores mening eller forsøge at overbevise andre om, at vores meninger er de rigtige.

Delfinen vil også støtte dig i at forstå, at du er god nok, og det du gør, er godt nok. Når nogen ser dig, hører dig eller kommenterer dine valg, er det deres sandhed – ikke din. Tillad dig selv at være tro mod den person, du ønsker at være, for det styrker dit selvværd.

Se på Delfinen, hvordan den boltrer sig i vandet. Den ønsker at blive set og hørt, men den leger kun med dem, der vil og forlader området, når det ikke længere giver mening for den. Gør du det, vil du opleve en markant forandring i dit liv.

ØVELSER:

1. Kald på Delfinens kraft. Spørg den om det, der ligger dig på sinde. Skriv spørgsmålet i din dagbog, og vent på

svar.

2. Hvor er du lige nu i forhold til, hvad delfinen fortæller dig?

3. Hver gang du står i en situation, hvor du føler dig presset, så stil dig selv spørgsmålet: Hvad er vigtigst for mig at opnå?

4. Hvorfor er det vigtigt? Hvis det handler om stolthed, krav eller hvordan du fremstår, så spørg dig selv, om det virkelig er så vigtigt? Især, hvis du ønsker at gå vejen mod dit højeste gode, og slippe gamle overbevisninger eller holdninger.

5. Prøv i den kommende tid at være i følelsen af uretfærdighed - uden at dømme den. Bevæg dig igennem følelsen med en legende tilgang, følg strømmen af hjerteenergi, og se hvor den fører dig hen.

6. Når du møder andres domme over dig, så mind dig selv om, at det er deres mening og ikke din. Følg din egen vej.

Find din vej gennem meditation. Du kan med fordel også finde en person, du ved, vil støtte dig på din rejse mod dine ønsker og drømme.

Tag gerne en kopi og hæng den op.

Tro på dig selv
og dine evner

Afslutning

Nu har du været igennem Egernets Årshjul, og måske føler du, at du ikke er færdig med de enkelte måneder eller budskaber. Det er helt normalt, da vores tidslinjer hele tiden ændrer sig. Når vi fjerner et lag, dukker der ofte et nyt op. Det betyder også, at vi aldrig bliver helt færdige med vores udvikling.

Men, tab ikke modet, for jo mere vi udvikler os, desto højere kommer vi i frekvens eller bevidsthedsniveau. Derfor vil du også opleve, at din rejse bliver nemmere og nemmere. På et tidspunkt er udfordringerne blot små bump på vejen, og livet bliver en opdagelsesrejse – ikke længere hårdt arbejde.

Du kan støde på det samme traume flere gange, fordi vores tidslinje følger medicinhjulet. Derfor er det naturligt at ramme ind i det igen. Her har du to muligheder: Du kan lægge låg på det, eller du kan se udfordringen i øjnene igen. Gaven ved at tage udfordringen op er, at traumet bliver mindre og mindre, for hver gang du møder det – og til sidst berører det dig ikke længere.

Hvis du føler, at du ikke er færdig med bogen, kan du fortsætte med at arbejde med Egernets budskab, der jo handler om at tro på dig selv. Du kan også holde øje med, om jeg skriver en ny kraftdyr-bog til næste år. Skriv til mig på dea@sindkropsjael.dk, så giver jeg dig besked, når den næste bog udkommer.

Vi lever i en tid, hvor vi selv kan vælge vores vej. Vejen bliver dog nemmere, hvis vi vælger ud fra hjerteenergien. Det betyder, at vi aldrig helt præcist ved, hvilke opgaver vi vil stå overfor til næste år. Det eneste vi kan gøre er, at tage på en opdagelsesrejse.

Som du husker fra Delfinen, er der altid flere sandheder. Denne bog er min kanal og min sandhed, så brug budskaberne på den måde, der passer ind i din model af verden.

"Jo flere lag du skralder af, jo mere
livs givende bliver din livsrejse"

Meditation med Kraftdyret og Medicinhjulet

Start med at tage tre dybe vejrtrækninger.

Mærk, hvordan din krop begynder at slappe af.

Forestil dig nu et minde eller et fiktivt sted, hvor du ved, at du kan slappe helt af. Et sted, hvor du føler dig fuldstændig tryg og rolig.

Lad dine sanser åbne sig. Brug din synssans, høresans, følesans, smagssans og lugtesans til at genskabe dette sted i dit sind.

Den afslappethed du nu mærker, skal du lade brede sig ud i hele din krop. Hvis du føler, at en muskel har svært ved at slappe af, så spænd den op og giv derefter slip.

Hvis der dukker tanker eller billeder op, der forstyrrer dig, så forestil dig, at du kan lægge dem ved siden af dig. De vil være der efter meditationen, hvis de stadig er vigtige.

Når du føler dig dybt afslappet, er det tid til at fortsætte rejsen nedenfor:

Forestil dig, at du står sammen med dit kraftdyr. I står inde i medicinhjulet, og du ser mod syd. Syd repræsenterer din barndom, hvor alle dine styrker ligger, men også de traumer, der måske blokerer dig i at leve fuldt ud i dag.

Ret dit blik mod vest. Vest symboliserer din ungdom, hvor dine styrker fra den tid findes, men også de udfordringer, der måske stadig blokerer dig for, at leve dit liv fuldt ud.

Drej nu mod nord. Nord er stedet for dit voksne liv og din visdom. Her ligger den erfaring, du har brugt – måske til at styrke dit liv, eller måske har du brugt den til at svække dig selv.

Tag nu fat i dit kraftdyrs budskab. Se tilbage på din barndom. Er der noget fra den tid, som har hindret dig i at leve efter kraftdyrets budskab?

Tag dig den tid, du har brug for.

Når du finder det:

- Læg en hånd på det område, hvor mindet føles - måske i din mave, dit hjerte eller et helt tredje sted. Forestil dig, at følelsen bliver suget ud gennem din hånd og ned i Moder Jord.
- Fortæl dig selv, at du accepterer det, der skete, og vælg at elske dig selv.

- Visualiser, at oplevelsen bliver healet eller opløses.

- Spørg dig selv, om der er mere, der skal heales.

Når du er klar, så fortsæt.

Nu vender du din opmærksomhed mod vest - mod din ungdom. Er der noget i denne periode, der skal heales i forhold til kraftdyrets budskab?

Tag dig den tid, du har brug for.

Når du finder det:

- Læg en hånd på det område og forestil dig, at følelsen bliver suget ud gennem din hånd og ned i Moder Jord.

- Fortæl dig selv, at du accepterer det, der skete, og at du elsker dig selv.

- Visualiser, at oplevelsen bliver healet eller opløses.

*- Spørg dig selv, om der er mere, der
skal heales.*

Når du er klar, så fortsæt.

*Ret nu dit blik mod nord - mod dit
voksne liv og din visdom. Er der noget,
der har ændret sig, eller er der noget,
der stadig skal heales?*

Tag dig den tid, du har brug for.

Når du finder det:

*- Læg en hånd på det område, og
forestil dig, at følelsen bliver suget ud
gennem din hånd og ned i Moder Jord.*
*- Fortæl dig selv, at du accepterer det,
der skete, og at du elsker dig selv.*
*- Visualiser, at oplevelsen bliver healet
eller opløses.*
*- Spørg dig selv, om der er mere, der
skal heales.*

Når du er klar, så fortsæt.

Ret nu dit blik mod øst - mod din genfødsel og manifestation. Hvad kan du gøre nu, når du lever efter kraftdyrets budskab?

Hvad føler du? Hvad ser du? Hvad hører du?

Tag dig god tid.

Lad disse indsigter synke ind i din krop.

Husk, at du arbejder med medicinhjulet, og nogle gange skal man gennemgå processen flere gange. Andre gange forløses ting med det samme. Det er også okay at tage en pause og observere, hvilken forskel det har gjort i dit liv.

Tillad dig selv at mærke din krop, og når du er klar, vend stille og roligt tilbage til nuet.

Denne meditation kan udføres så ofte du vil, og kan være endnu mere kraftfuld, hvis du lytter til trommens lyd, mens du udfører den.

Egernets Meditation

Luk øjnene og forstil dig et sted, hvor du kan slappe helt af og føle dig tryg. Det kan være en strand, en skov eller et andet sted, hvor du ved, at du kan være fuldstændig afslappet.

Åbn alle dine sanser. Se, hvad du kan se? Hør, hvad du kan høre? Mærk, hvad du kan mærke? Duft, hvad du kan dufte? Smag, hvad du kan smage?

Begynd nu at trække vejret dybt og læg mærke til, hvordan hver eneste del af din krop begynder at slappe af.

Forestil dig nu, at Egernet kommer til dig. Spørg det, hvad der skal heales hos dig, for at du kan følge dets budskab om at tro på dig selv og dine evner.

Fortæl Egernet, at hvis det er nødvendigt, må det gerne vise dig, hvad der skal heales. Men, hvis den ikke viser dig noget, fortæl den at du ønsker blot at give slip på den overbevisning, der forhindrer dig i at tro på dig selv og dine evner.

Hvis Egernet viser dig et billede eller en oplevelse, siger du: "Jeg er taknemmelig for, at dette bliver vist mig, og jeg sender kærlighed gennem min hjertefrekvens." (Når du arbejder med

*din hjertefrekvens, så brug den sans, du
er stærkest i.)*

*Find nu frem til den følelse, som
Egernets budskab, om at tro på dig
selv, vækker i dig. Giv slip på så meget
af din gamle overbevisning, som du
kan, og følg helt naturligt kraftdyrets
budskab.*

*Nogle gange kan det være lettere at
finde frem til følelsen, ved at tænke på
en oplevelse, hvor du har følt, at du var
god nok, eller at det du gjorde, var godt
nok. Hvis det er en udfordring for dig,
kan du altid forestille dig, hvordan det
kunne være at føle dig god nok.*

*Når du er i kontakt med følelsen af at
være god nok, og tror på dig selv, så
mærk efter, hvordan det føles.*

Forstærk nu følelsen så meget, som du kan, og se ud i fremtiden. Forestil dig, hvordan du kan håndtere hverdagen med denne følelse, og hvad du kan tiltrække med den.

Hvordan ser dit liv ud, når du tror på, eller ved, at det du gør, er rigtigt, og at du er god nok?

Når du er klar, vender du stille og roligt tilbage til nuet.

Jeg vil anbefale at du laver meditationen flere gange. Du skal være opmærksom på, at selvom du har manifesteret din oplevelse, er det ikke sikkert den har vist sig fysisk endnu. Men, hav tillid til, at den skal nok vise sig.

Er det en udfordring at huske
meditationen, og hvad du skal gøre,
kan du med fordel optage den, så du
kan lytte til den, når du mediterer.

Inspiration

Jeg har altid været inspireret af dyr og deres adfærd.

Da jeg startede på min spirituelle livsrejse, fandt jeg ud af, hvor kraftfulde vi kan være, når vi arbejder med vores udvikling. Og hvordan vi nemmere tiltrækker de ting, der har værdi for os.

Lige siden jeg var barn, har jeg observeret, hvordan mennesker spænder ben for sig selv – inklusiv mig selv. Jeg kunne tune ind på dem og ikke kun se, hvordan de kunne håndtere deres problemer, men også hvordan de kunne heale sig selv, så de ikke blev ved med at løbe ind i de samme udfordringer.

Og, det var faktisk allerede dengang at frøet, til rækken af bøger om Kraftdyrene, blev sået.

Disse bøger har været undervejs længe. I den periode har jeg gjort min viden fra min personlige rejse, mine klienters rejser, min uddannelse i livets rejse samt fra spirituelle mestre og bøger til visdom.

Jeg har fået hjælp på min rejse, og jeg vil gerne fremhæve nogle få.

Takanaiya fra Shamanhulen bekræftede mig i, at man kan kommunikere med dyr. Hun viste mig, hvordan disse fantastiske væsener kan guide os.

Jeg har mødt de fantastiske orakelkort, der virkelig talte til mig: Kraftdyrenes Orakelkort kanaliseret af Colette Baron-Reid.

Phillip Good har lært mig, og fortsætter med at lære mig, at være autentisk. Man behøver ikke spille en rolle, bare være sig selv og ved at lære af ens udfordringer, kan man udvikle sig til et højere bevidsthedsniveau.

Universet og alle dets væsener inspirerer mig løbende, og derfor er mine bøgers indhold ved med at udvikle sig.

Der er også mange mennesker, der har inspireret mig igennem årene.

Jeg vil dog især takke min mand, Ole
Dyrhøj og min veninde, Diana Ploug,
som har hjulpet mig til at tro på, at jeg
kunne skrive denne række af bøger.

Tak for jer.

Forfatter

Dea Dyrhøj er født den 20. februar 1975 og bor i dag i Odense sammen med sin familie.

Hun har tidligere taget uddannelser og arbejdet inden for erhvervslivet. I 2004 valgte hun at sige farvel til et fast job, for at begynde sin rejse inden for livets uddannelse. Her stiftede hun bekendtskab med områder inden for fysiologi, psykologi og den spirituelle verden.

Den store omvæltning i hendes liv skete i 2018, da hun blev ramt af et voldsomt epilepsianfald, og igen i 2020, hvor hun fik en blodprop. Disse hændelser satte hende i gang med en fysisk og mental rejse mod helbredelse.

I dag omtales hun som en "ny tidsshaman", og al den viden hun har tilegnet sig, deler hun gennem sine bøger, samt igennem seancer, tegninger og ceremonier.

Noter

Noter